SUR LA NÉCESSITÉ ET LES MOYENS

DE RÉDUIRE LES DÉPENSES

GOUVERNEMENTALES

OUVRAGES

DU GÉNÉRAL ALEXANDRE DE GIRARDIN.

MÉMOIRE SUR LA SITUATION politique et militaire de l'Europe.

OBJECTIONS SUR LA CONSTITUTION des armées de terre.

RECHERCHES SUR LES BASES constitutives des armées.

MÉMOIRES SUR LES PLACES FORTES.

MÉMOIRE SUR LES FORTIFICATIONS de Paris et sur le trop grand nombre de places fortes.

OBSERVATIONS SUR L'ORGANISATION de la cavalerie.

OBSERVATIONS SUR LES CADRES de l'armée.

SUR LES MOYENS d'obtenir en France un CHEVAL PROPRE A LA CAVALERIE et à l'artillerie.

Sur le REMBOURSEMENT DES RENTES.

OBSERVATIONS SUR LE BUDGET de 1847, présenté par M. Humann, ministre des finances.

SUR LES CHEMINS VICINAUX.

OBSERVATIONS sur la conversion des rentes.

SUR LES CHEMINS VICINAUX.

UN MÉMOIRE SUR LE CLASSEMENT de toutes les routes de France.

DE L'IMPRIMERIE DE CRAPELET, RUE DE VAUGIRARD, 9

SUR

LA NÉCESSITÉ

ET LES MOYENS

DE

RÉDUIRE LES DÉPENSES

GOUVERNEMENTALES

PAR LE GÉNÉRAL DE DIVISION

ALEXANDRE DE GIRARDIN

MÉMOIRE

A MONSIEUR LE MINISTRE DES FINANCES.

PARIS : AMYOT, RUE DE LA PAIX

1849

NOTES PRÉLIMINAIRES.

Quels qu'aient été les soins que nous avons pris pour justifier de l'utilité de ce travail, nous avons pensé que pour plus de clarté, et aussi à cause de la gravité et de l'importance des questions que nous avions dû examiner, il était nécessaire de rappeler que :

La première de ces questions portait sur les divisions à suivre pour la formation du budget, voir page 15.

La deuxième sur les mesures à prendre pour replacer la situation financière sur les bases que réclame le crédit de l'État, voir page 17.

La troisième sur les subdivisions nécessaires pour pouvoir apprécier les crédits qui sont afférents au département de la guerre, et conséquemment ceux qui portent sur les autres ministères, voir page 17.

La quatrième sur les chiffres afférents au département de la marine, comme vaisseaux, comme bâtiments de commerce et comme colonies, voir page 21.

La cinquième sur l'identité qui existe entre les intérêts du continent et ceux de la France, voir page 24.

La sixième sur les avantages qu'il y aurait

pour l'État et pour ses créanciers de faire immédiatement la conversion des rentes 5, 4 $\frac{1}{2}$, 4, et 3 pour 100 en 2 $\frac{1}{2}$ à 55, voir page 30.

La septième sur la création avec intérêts d'un fonds au titre de 1 pour 100 à 25, qui porterait sur les excédants de recettes, au delà des dépenses légalisées, et dont les avantages seraient :

De supprimer les impôts sur les immeubles, et conséquemment de leur donner à deux titres la possibilité de se libérer des emprunts qu'ils auraient contractés.

Le premier en raison des impôts dont ils seraient déchargés; le second en raison de la baisse certaine de l'intérêt, qui proviendrait de la création du fonds au titre de 1 pour 100 à 25, voir page 31.

La huitième sur la pondération qui doit exister entre toutes les parties qui concourent au développement de la richesse nationale, laquelle oblige de racheter des fonds publics sur l'excédant des recettes toutes les fois que les capitaux s'abaissent et que par contre les intérêts s'élèvent, comme aussi la nécessité de faire des emprunts avec intérêts, lorsque les capitaux s'élèvent, ce qui est démontré d'une part par la nécessité de créer des travaux et de l'autre par la pondération que réclament les développements qu'exige la richesse publique, voir page 31.

SUR LA NÉCESSITÉ ET LES MOYENS

DE RÉDUIRE LES DÉPENSES GOUVERNEMENTALES.

A MONSIEUR LE MINISTRE DES FINANCES.

Citoyen Ministre,

Si ce n'est pas pour vous une question de savoir que la situation financière des États repose sur le crédit, et le crédit sur la confiance,

Dans les conditions où se trouve la France, la confiance et le crédit peuvent-ils se rétablir par des impôts et par des emprunts avec amortissement? et croyez-vous que ce soit la meilleure marche à suivre?

Ne pensez-vous pas qu'il eût été préférable de commencer par l'examen des dépenses? D'abord par la dette publique et les charges qui y ont été jointes, et secondement par celles que je nommerai les dépenses gouvernementales?

Si je prends le budget de 1848, ou plutôt celui de 1849, bien qu'il soit susceptible de modifications, en raison des charges qu'il aura à supporter, je trouve que la dette publique, en

comprenant dans l'amortissement les rentes acquises [1], s'élève à............ 307,762,444 f.
Les emprunts spéciaux à..... 8,760,300
Les intérêts des capitaux remboursables à............. 29,000,000
Les rentes viagères et les pensions à.................. 53,971,000

Total...... 399,693,744 f.

Que la dotation qui est de.. 14,000,000
affectait à la Chambre des députés.................... 810,000

Que les services généraux des ministères y sont portés, savoir :

Le ministère de la justice et des cultes, pour.......... 67,130,145 f.
— des affaires étrangères... 8,885,422
— de l'instruction publique. 18,231,133
— de l'intérieur........... 122,870,634
— de l'agriculture et du commerce.................. 14,471,920
— des travaux publics, en y comprenant les 98,268,000 f. régis par la loi du 11 juin 1842.................... 161,790,050
— de la guerre, en y compre-

A reporter....... 393,379,304

---

[1] Fonds d'amortissement, dotation annuelle. 52,208,824 f.
Rentes appartenant à la caisse d'amortissement. 73,763,582

Total........... 125,972,406 f.

Report.......	393,379,304
nant également les 16,160,000 francs régis par les lois des 25 juin 1841 et 11 juin 1842.	320,703,084
— de la marine et des colonies, en y comprenant les 21,100,000 fr. régis par les lois précitées............	139,306,608
— des finances...........	17,936,545
Total......	871,328,541 f.

Auxquels il faut ajouter:

1° Pour frais de régie et d'exploitation des impôts et des revenus publics.............	156,999,697
2° Pour remboursements et restitutions, non-valeurs, primes et escomptes.............	75,074,340
Total......	232,074,037 f.

RÉCAPITULATION GÉNÉRALE DES DÉPENSES.

Dette publique.............	399,693,744 f.
Dotation, sauf réduction.....	14,000,000
Service des ministères.......	735,800,541
Frais de régie et d'exploitation des impôts et revenus publics..................	156,999,697
Remboursements et restitutions,	
A reporter......	306,493,982

Report.......	306,493,982
non-valeurs, primes et escomptes..................	75,074,340
Travaux régis par la loi du 25 juin 1841.............	18,850,000
Id. id. du 11 juin 1842.	116,678,800
Et enfin :	
Au ministère de la justice et des cultes,	
1° Pour la Légion d'honneur.	7,254,898
2° Pour l'imprimerie nationale......................	3,453,000
Aux affaires étrangères, pour les chancelleries consulaires.	400,000
A la marine, pour la caisse des invalides................	8,476,000
Aux finances, pour la fabrication des monnaies et médailles.................	1,350,494
Total général....	1,448,030,714 f.

Avant de passer à l'examen des dépenses que j'ai nommées gouvernementales, et, par suite, aux réductions si nécessaires, et qui plus est, selon nous, indispensables pour pouvoir fonder le crédit public et rétablir la confiance, confiance aussi vitale pour les gouvernements que pour les particuliers, nous croyons devoir rappeler les bases sur lesquelles le crédit et la confiance doivent être établis; et à cet égard nous dirons qu'il y a obligation et nécessité, nécessité urgente, de reconnaître :

1° Que pour une nation il y a deux natures de crédits : le premier, le crédit de l'État, le second celui des banquiers ;

2° Qu'il n'y a de dette publique que lorsque les dépenses excèdent les recettes ;

3° Que la dette publique devient des fonds publics lorsque les recettes, dans une certaine proportion, surexcèdent les dépenses ; en d'autres termes, quand les capitaux s'élèvent d'une manière notable, et que par contre les intérêts s'abaissent ;

4° Que lorsque les impôts, soit directs, soit indirects, ont pour inconvénient de frapper et d'amoindrir l'une ou plusieurs des parties qui concourent au développement de la richesse publique, notamment celles qui sont indispensables à l'alimentation ; ils amènent forcément un trouble social, assertion que confirment l'histoire et l'époque actuelle.

5° En ce qui concerne les emprunts, il faut également reconnaître qu'ils existent à deux titres, quelles que soient les modifications qui s'y rattachent :

Les premiers, ceux dont l'intérêt est légal, ou qui doivent faire partie du crédit de l'État, même en y comprenant les emprunts forcés, si la nécessité en faisait une loi ;

Les seconds, les emprunts avec amortissement, notamment ceux qui ont pour but le rachat du capital ;

6° Pour la confection des budgets, tous les moyens de contrôle nécessaires pour la vérification des dépenses.

Si nous examinons maintenant de quel crédit se sont servis les gouvernements qui se sont succédé depuis 1815, nous trouvons que celui de l'État a été complétement négligé, et que par contre le crédit des banquiers a été constamment préféré. Qu'en est-il résulté?

Des emprunts avec amortissement dont l'intérêt a varié, chiffre rond, de 10 pour 100 à 9, à 7, à 6, à 5 et à 4, puis aujourd'hui à 7 sur le 5 pour 100 et à 6 sur le 3 pour 100, auquel il faut ajouter la création d'un capital que le débiteur n'a pas touché; c'est-à-dire que lorsque la rente 5 pour 100 était à 50 francs, l'État payait 10 pour 100 d'intérêt, plus 1 pour l'amortissement, ce qui faisait 11, et 100 millions pour 50 qu'il avait reçus; calcul qui est applicable aux seize emprunts qui ont eu lieu depuis 1815, en tenant compte des différents taux auxquels ces emprunts ont été contractés et qui, en définitive, ont coûté à l'État, et conséquemment au pays, deux milliards, sans y comprendre l'intérêt composé.

Nous savons que l'argument que l'on nous oppose est celui-ci :

Qui achèterait des rentes s'il n'y avait plus d'amortissement? Depuis le 24 février, l'amortissement a-t-il empêché la baisse des effets publics?

En Angleterre, où l'amortissement n'existe plus depuis 1806, l'intérêt des rentes n'a-t-il pas été au-dessous de 3 pour 100? N'y a-t-il plus dans le monde que des spéculateurs? Les personnes qui ont des fonds à placer, celles qui ont hérité ou qui se sont enrichies et qui vivent de l'intérêt que leur donne le placement de leurs capitaux, ont-elles cessé d'exister? Espérons que la lumière se fera, et que le bon sens, le raisonnement et l'expérience nous viendront en aide.

En ce qui concerne la dette publique, que nous ne reconnaissons que lorsque les dépenses excèdent les recettes, nous n'avons qu'un seul raisonnement à opposer; ce sont les banqueroutes ou les révolutions qui ont frappé tous les gouvernements qui ont augmenté leur dette sans accroître la richesse publique.

Relativement à la distinction que nous avons faite entre la dette de l'État et les fonds publics, voici comment nous l'expliquons :

Nous considérons les fonds publics comme le meilleur, nous pourrions dire comme le seul moyen d'accroître la richesse nationale, et qui plus est, de rendre à la terre, à l'industrie et au commerce la pondération qui leur est nécessaire pour que la production soit toujours en rapport avec la consommation. Mais augmenter constamment les impôts, créer des capitaux par des emprunts avec amortissement; augmenter, non les fonds publics, mais la dette publique; qu'en est-il résulté? une richesse factice et un luxe hors de proportion avec la richesse ; et en raison de ce luxe, une partie de la population abandonnant la terre, et laissant 14 millions d'hectares à cultiver, sur 52 dont se compose le sol.

Nous sommes loin de repousser, et qui plus est, de blâmer les capitaux qui se sont créés au moyen d'un papier-monnaie ayant la même valeur que l'argent ; mais quand les impôts sont arrivés au chiffre de 1,600 millions et les dépenses à deux milliards, si l'on avait examiné les bases du crédit public, n'aurait-on pas immédiatement reconnu que si l'on persistait à frapper de nouveaux impôts, et qui plus est, à contracter des emprunts avec amortissement, on marchait droit à la décadence avec tous les fléaux dont elle est inséparable ?

Enfin, pour terminer les questions des emprunts avec amortissement, voici comment, en 1824, s'exprimaient, dans le *Times*, des publicistes anglais, sur le projet de M. de Villèle, alors ministre des finances :

« Tant qu'on ne considère point le remboursement définitif du capital, le taux de l'intérêt est le seul objet qui mérite attention. Mais augmenter le principal pour réduire l'intérêt, lorsque l'on a l'intention de racheter le principal ; maintenir un fonds d'amortissement d'une main, et de l'autre augmenter la dette contrairement à la raison, cela paraît être la plus grande des erreurs que l'on puisse mettre en pratique. »

Aujourd'hui, nous pourrions ajouter que cette erreur n'aurait pas de nom pour la qualifier. Toutefois, nous devons dire qu'en Angleterre le rachat des fonds publics n'a lieu que lorsque les recettes excèdent les dépenses. C'est un grand avertissement que l'empire britannique donne à tous les États : celui de pouvoir élever le prix des fonds publics en même temps que l'on abaissait le taux de l'intérêt.

Si nous examinons maintenant la manière dont se sont faits les budgets jusqu'à ce jour, les rapports qui les précédaient, les discussions qui avaient lieu avant leur adoption, et comment les ministres qui les payaient auraient pu les défendre, — embrouillés qu'ils étaient, nous n'osons pas dire par calcul, dans 1,863 pages in-4°, nous n'aurions qu'à rapporter les dépenses toujours croissantes et jamais justifiées qui ont eu lieu depuis 1801 jusqu'à 1848, et qui se sont élevées de 500 millions à 1,550, sans y comprendre les forêts vendues, la dette flottante, et tous les comptes à régler, de manière à pouvoir établir la situation actuelle du trésor.

Pour remédier à cet état de choses, nous pensons que le budget des dépenses devrait être divisé en trois chapitres :

Le premier ayant pour titre : DES DÉPENSES GOUVERNEMENTALES LÉGALISÉES, ne pouvant subir ni changements, ni altérations, que ceux qui proviendraient de l'accroissement ou de la diminution des denrées, de même que pour les matières qui seraient susceptibles d'élévation ou d'amoindrissement dans les prix.

Le deuxième : DES DÉPENSES UTILES, qui seraient discutées, arrêtées et votées par la Chambre législative, et ne pouvant subir aucune augmentation sous quelque forme que ce soit.

Le troisième : DES DÉPENSES AFFECTÉES A L'ACCROISSEMENT DE LA RICHESSE PUBLIQUE, en ce qui concerne l'agriculture, l'industrie et le commerce, et qui, en aucun cas, ne pourraient dépasser la somme qui aurait été légalisée par un vote de la Chambre.

Après ce premier avantage, celui d'avoir légalisé les dépenses gouvernementales et réduit les discussions du budget à l'examen des dépenses utiles et de celles qui peuvent accroître la richesse publique, il en est un second qui n'est pas moins important, celui de pouvoir reconnaître qu'en matière de finances il existe un principe vital, lequel a pour but de faire porter les dépenses légalisées sur les impôts indirects, et les dépenses utiles, à quelque titre que ce soit, sur l'excédant des recettes, et conséquemment de pouvoir substituer cet excédant aux impôts directs en les capitalisant par des emprunts, non pas avec amortissement, mais sur le chiffre le plus éloigné du pair.

Ainsi, après avoir demandé la conversion de toutes les rentes en $2 \frac{1}{2}$ à 55, afin de pouvoir faire une chose utile pour l'État, en même temps qu'elle serait équitable pour ses créanciers, pour les emprunts à faire, et en suivant le même principe d'équité, nous demanderions que contrairement à ce qui a eu lieu, ils fussent contractés sur du 1 pour 100 à 25, c'est-à-dire en 4 pour 100, moyen de présent et d'avenir, puisqu'ils auraient nécessairement pour résultat d'accroître les capitaux que réclame une population toujours croissante, en même temps qu'ils abaisseraient le taux de l'intérêt.

Et en définitive, nous pensons que pour établir en France un système financier (et nous ajouterons un système militaire et un système politique, à cause de leurs rapports, et nous pourrions dire de leur identité), la première question serait de placer dans le ministère des finances le contrôle général de toutes les dépenses, et, selon nous, la présidence du conseil.

De cette création, que nous regardons comme de première nécessité, il résulterait d'abord l'unité, et, qui plus est, l'ordre et l'économie ;

L'unité, par la nécessité d'un principe qui aurait l'avantage d'embrasser et de résoudre toutes les questions gouvernementales ;

L'ordre, par l'obligation de coordonner toutes les parties qui concourent à l'action du pouvoir ;

L'économie, par l'obligation de réunir tous les moyens que l'autorité aurait le droit de réclamer, en même temps qu'elle serait tenue de respecter tous les intérêts.

Si nous passons maintenant à la réduction des dépenses gouvernementales, dont nous croyons avoir démontré non-seulement la nécessité, mais l'urgence, nous pensons qu'en raison de la nouvelle division du budget que nous proposons d'établir, c'est-à-dire des trois chapitres dont il doit se composer et dont nous déduirons les motifs, la réduction des dépenses gouvernementales peut être portée au chiffre de 400,309,608 f. divisés ainsi, savoir :

1° Le retranchement en entier de l'amortissement, qui s'élève, chiffre rond, avec les rentes acquises, à la somme de 125 millions;

Ci. 125,000,000

2° La conversion de toutes les rentes 5, 4 ½, 4 et 3 pour 100, en 2 ½ pour 100 à 55, conversion qui, en même temps qu'elle serait avantageuse aux créanciers, comme accroissement de capital, rendrait à l'État. 25,000,000

3° Un retranchement sur le budget de la guerre de 60 millions, motivé par les explications que l'on trouvera ci-après. . . . 60,000,000

4° Un retranchement sur le budget de la marine, motivé sur les dépenses comparatives, s'élevant à la somme de. 39,309,608

5° Sur les frais de régie, de perception et d'exploitation des

A reporter. 249,309,608

Report..........	249,309,608
impôts et revenus publics, s'élevant à 156,999,697 fr., un retranchement de 75 millions, ci..	75,000,000
6° Sur les ministères de l'intérieur et des travaux publics, un retranchement de 76 millions déjà indiqué pour 50 dans un rapport de M. le ministre des finances, ci............	76,000,000
Total égal....	400,309,608

D'après l'importance de cette réduction, quelque incontestable qu'elle soit, nous croyons de notre devoir de la justifier, non-seulement pour nous, mais dans l'intérêt de la chose publique.

1° Et d'abord, en ce qui concerne le retranchement de 125 millions sur l'amortissement, les rentes comprises, rappellerons-nous les inconvénients désastreux qui sont résultés des emprunts avec amortissement non-seulement dans la direction d'un capital qui abandonnait la terre pour passer dans l'industrie, mais qui, par suite, laissait sans culture 14 millions d'hectares, et qui plus est, en jetant dans l'industrie une population de plusieurs millions d'âmes, sans savoir où se trouveraient les consommateurs des produits qu'elle obtiendrait, et enfin ce que cette population deviendrait elle-même.

2° Pour le retranchement de 60 millions sur le département de la guerre, est-ce un axiome contestable que celui de savoir que l'organisation des armées doit être faite sur le choix des hommes et non sur le nombre, en ce qu'elle a l'avantage de donner des soldats plus forts et plu scapables de résister aux fatigues de la guerre, et, qui plus est, d'obtenir une grande réduction dans les dépenses, et, ce qui n'est pas moins important, une diminution dans le chiffre des non-valeurs?

Si maintenant, comme preuve, nous admettons pour pied de paix le nombre de 300,000 hommes qui est le chiffre légal, ce qui donne :

Pour l'infanterie.......	200,000	hommes.
Pour la cavalerie.......	50,000	—
Pour l'artillerie........	40,000	—
Et l'armée du génie.....	10,000	—
Total égal....	300,000	hommes,

et que nous fixions pour les dépenses annuelles, savoir :

Pour un fantassin, 500 fr., ce qui, pour 200 mille hommes donnerait.....	100,000,000 f.
Pour un cavalier monté, 1,200 fr., savoir : 600 fr. pour l'homme et 600 fr. pour le cheval ; la dépense de 50,000 hommes de cavalerie serait de....	60,000,000
Pour l'artillerie, un soldat monté, 1,200 fr., et non monté	
A reporter.......	160,000,000

Report..........	160,000,000
600 fr. En admettant 10,000 chevaux pour le pied de paix, ce serait 6 millions, et pour les 40,000 hommes 24 millions, qui, ajoutés à 6 millions, donnent........................	30,000,000
Pour l'arme du génie, 600 fr. par homme, ce qui ferait pour 10,000 hommes.............	6,000,000
	196,000,000 f.
Auxquels il faut ajouter :	
Pour le casernement......	4,000,000
Pour l'entretien des places fortes.......................	8,000,000
Pour la gendarmerie.......	15,000,000
Pour les vétérans.........	3,000,000
Total....	226,000,000 f.

Quant aux dépenses relatives aux arsenaux et au matériel complémentaire, sous le rapport des armes, elles seraient comprises dans le chapitre II du budget ayant pour titre : DES DÉPENSES UTILES.

Pour le département de la marine, nous ne croyons pas nécessaire de rétablir le chiffre des bâtiments qui existaient de 1814 à 1820, et dont la dépense en moyenne était de 42 à 44 millions, attendu que pour les observations que nous avons à présenter, il nous suffira de rappeler les détails de la composition de ceux qui ont existé depuis 1840 jusqu'en 1849, savoir :

ANNÉES.	BATIMENTS A FLOT. Vaisseaux de guerre.	Frégates.	Bâtiments à vapeur.	Bâtiments légers.	TOTAL.	Nombre de bâtiments en construction.	DÉPENSE annuelle.
1840	26	30	31	188	275	57	70,648,300
1841	20	21	34	196	271	48	74,015,800
1842	23	31	40	209	303	45	127,290,400
1843	20	21	38	231	310	50	98,763,026
1844	23	29	33	131	216	62	111,000,000
1845	22	28	35	105	190	50	112,681,280
1846	16	20	68	96	200	50	115,569,441
1847	21	32	76	191	320	72	126,203,654
1848	14	17	58	97	186	60	* 140,904,591
1849	24	40	91	161	317	60	139,309,608

* 151,978,520 fr.

Après avoir reproduit la dépense qui a eu lieu pour notre marine depuis 1814 jusqu'en 1820, le chiffre des bâtiments dont elle a été composée depuis 1840 jusques et y compris 1849, ainsi que les sommes qui ont été portées sur les budgets afférents, nous croyons pouvoir dire ou plutôt rappeler que notre marine militaire a dû être constituée à trois titres :

Le premier, pour donner à la France une existence politique ;

Le second, les forces nécessaires pour pouvoir protéger nos colonies;

Le troisième, pour assurer à la marine marchande tous les secours et la sécurité qui lui étaient nécessaires.

Sur le premier point, si nous recherchons quelles sont aujourd'hui les forces maritimes du continent, moins celles de la France, nous trouvons qu'elles s'élèvent, à savoir :

	VAISSEAUX.	FRÉGATES.	BATIMENTS de moindre dimension.	BATIMENTS à vapeur.	BATIMENTS marchands.
Pour l'Espagne........	10	18	30	4	200
le Portugal......	2	4	6	2	100
la Hollande......	8	16	12	6	350
la Turquie.......	18	32	50	8	50
la Suède........	4	8	1	6	250
le Danemark.....	5	8	18	8	300
la Russie........	55	34	50	20	50
l'Autriche.......	3	8	61	6	25
la Sardaigne.....	2	3	10	3	20
les Deux-Siciles..	2	5	20	4	40
la Prusse........	»	»	5	2	6
les Villes anséat..	»	»	»	4	12
TOTAL......	109	136	278	73	1,403
Si nous présentons le chiffre de la marine anglaise, nous trouvons...	112	129	160	200	20,033
Et enfin nous trouvons que celui de la marine française est de........	24*	40*	162*	91*	4,000

* Non compris ceux en construction.

Si maintenant nous nous reportons à l'existence politique que doit avoir la France, et que nous séparions par la pensée l'Angleterre du continent, ou, qui mieux est, le continent de l'Angleterre, attendu l'identité de ses rapports industriels et commerciaux avec les nôtres, comme dans notre situation actuelle il serait inopportun d'admettre cette supposition et même de l'espérer, le rôle de notre marine se réduit évidemment à la protection de nos colonies et par suite à celle de notre marine marchande.

Si nous passons à l'examen de nos colonies, nous trouvons que, depuis 1764 jusqu'en 1814, quelle qu'ait été la supériorité de notre marine sur celle actuelle, nous avons néanmoins perdu dix de nos colonies, dont les populations s'élevaient à 1,327,200 âmes, savoir:

EN 1764.

Le haut et le bas Canada.......	900,000
L'Acadie ou Nouvelle-Écosse....	145,000
Terre-Neuve................	60,000
La Grenade................	29,000
Saint-Vincent..............	26,800
Dominique................	19,000
Saint-Christophe............	24,000

EN 1802.

Tabago..................	14,300
Sainte-Lucie...............	18,100
A reporter.........	1,236,200

Report............	1,236,200

EN 1814.

L'île de France (ou Maurice)...	91,000
	1,327,200

Si nous examinons maintenant les neuf colonies qui nous restent, et dont les populations s'élèvent à 603,925 habitants, savoir :

EN AMÉRIQUE.

La Martinique....................	118,149
La Guadeloupe, Marie-Galante, la Désirade, les Saintes, partie de l'île Saint-Martin......................	131,162
La Guyane française............	23,361
Saint-Pierre et Miquelon.........	1,858
Les îles Marquises...............	25,000

EN AFRIQUE.

Le Sénégal et Gorée.............	17,960
L'île Bourbon....................	109,330
L'Algérie.......................	»
Sainte-Marie, Nossibé et divers ports de l'île de Madagascar.............	8,000

EN ASIE.

Pondichéry......................	79,743
Karikal, Mahé, Yanaon, Chandernagor..........................	89,362
Total égal......	603,925

Que nous considérions leurs populations, leur importance, et la triste situation dans laquelle elles se trouvent; puis enfin, et attendu le chiffre sans cesse croissant de nos importations et décroissant de nos exportations; nous avons pensé que la somme de 140 millions, chiffre rond, portée au budget de 1849, était exorbitante, et c'est ce motif qui nous a porté à indiquer qu'il y fût fait un retranchement de 39,309,608 fr.

Que l'on n'imagine pas, par ce retranchement, que nous demandions que la France n'ait point une marine formidable; pour s'en convaincre, si l'on veut se reporter à la division que nous avons proposée pour l'établissement du budget, on trouvera dans le chapitre II, *Des dépenses utiles*, tous les moyens de l'établir.

Mais ce que nous désirons, c'est que l'organisation de notre marine repose sur la sécurité et la situation politique de la France, et surtout que l'on y tienne compte de toutes les exigences que demande aujourd'hui la découverte de la marine à vapeur, non-seulement sous le rapport des bâtiments, mais de l'urgente nécessité de fortifier nos côtes et d'y établir des ports de refuge.

En ce qui concerne les frais de régie, de perception et d'exploitation des impôts et revenus publics, s'élevant, chiffre rond à 157 millions, nous faisons ici cause commune avec l'opinion publique, qui depuis bien des années témoigne son étonnement de ce que 5 pour 100 n'étaient pas suffisants pour les dépenses énoncées ci-dessus, et qu'il avait fallu les porter à 10. C'est donc ce motif exprimé par l'opinion publique, et que nous partageons, qui nous a déterminé à proposer le retranchement de 75 millions.

Il nous reste maintenant, pour les ministères de l'intérieur et des travaux publics, à justifier la réduction de 76 millions qui portent sur ces deux ministères.

Et d'abord, en ce qui concerne le ministère de l'intérieur, si nous examinons ses dépenses, alors que l'instruction publique, l'agriculture et les travaux publics en faisaient partie, nous trouvons qu'en moyenne, depuis 1802 jusqu'en 1829, elles ne s'étaient pas élevées au delà de 70 millions.

Si maintenant nous réunissons les dépenses du ministère de l'intérieur et des travaux publics, nous trouvons qu'elles s'élèvent au chiffre énorme de 284,660,084 fr. Nous ne contestons pas les travaux ni même leur utilité, si elle était primordiale; mais si l'on considère le déplacement de la population, les 20 milliards qui pèsent sur les immeubles, soit à titre d'hypothèques, soit comme dettes chirographaires, et cela sans y comprendre les impôts, l'on a le droit de se demander si de nouveaux emprunts avec amortissement seraient rationnels, si des dépenses de la nature de celles que nous combattons peuvent être continuées, surtout lorsque 14 millions d'hectares arables restent sans culture, soit par manque de capitaux, soit par défaut d'engrais. C'est en raison de tous ces motifs, de ces motifs sérieux dans leurs conséquences, que nous avons proposé de retrancher 76 millions de ces deux ministères.

Nous croyons devoir joindre à ces considérations une dernière réflexion.

En 1802, les dépenses gouvernementales étaient de 500 millions; en 1830, d'un milliard; en 1849, elles seront de 2 milliards, en y comprenant les emprunts. Ces faits sont assez graves pour que le gouvernement et les hommes qui aiment sincèrement leur pays s'en occupent.

Ainsi, en résumé, si nous rappelons que c'est un axiome incontesté, que la situation financière de tous les États repose, comme celle des particuliers, sur le crédit, et le crédit sur la confiance;

Qu'il existe deux natures de crédit, le premier le crédit de l'État, le second celui des banquiers; en d'autres termes, celui qui enrichit, ou celui qui ruine;

Que la confiance se perd lorsque les mesures financières sont contraires au but que l'on s'est proposé, et à plus forte raison dommageables lorsqu'elles s'appliquent à l'amortissement sur les bases actuelles;

Qu'en matière de crédit, comme en matière d'administration, il existe une pondération sur toutes les parties qui concourent au développement de la richesse publique, ou qui portent sur les dépenses ; pondération, dirons-nous, que l'on ne peut méconnaître ni atténuer sans en frapper les autres parties ;

Que l'amortissement sur les bases actuelles, loin de fonder le crédit, a été la mesure qui lui était le plus contraire dans son application ; si l'on ne peut mettre en doute les tristes résultats qui en sont découlés, notamment les dettes qui portent sur les immeubles, le déplacement de la population, et par suite, la quantité de terres restées sans culture, puis les importations en céréales, en chevaux et en bestiaux, en bois et en charbon ;

Que réduire les capitaux par l'amortissement, au lieu de se servir de l'excédant des recettes, ce qui est facile en séparant les dépenses légalisées des dépenses utiles et des dépenses reproductives, c'est méconnaître leur puissance dont l'excès ne se fait sentir que lorsque les intérêts s'élèvent ;

Que l'état de malaise dans lequel se trouvent aujourd'hui, nous ne dirons pas seulement nos finances, mais toutes les parties de l'administration, soit que l'on porte ses investigations sur les éléments constitutifs qui composent le pouvoir ministériel, soit qu'on les dirige sur l'économie agricole, industrielle et commerciale, soit enfin, dirons-nous encore, que l'on considère l'état actuel de la population ;

Ce simple exposé, et nous sommes loin de nous le dissimuler, est grave ; il demande une attention sérieuse et un travail complet, lorsque toutes les parties dont il se compose ne peuvent, sans s'amoindrir, supporter le moindre retranchement, si on veut les comparer soit au corps de l'homme, soit au corps politique, soit au corps social.

Nous n'avons assurément, sur des matières aussi étendues, ni la prétention, ni l'orgueil d'avoir fait un travail complet : mais nous croyons avoir touché assez profondément aux principes vitaux du crédit public et aux causes qui l'avaient altéré, pour être autorisé à insister sur les réductions que nous avons indiquées, et qui sont de 400,309,608 fr., savoir :

1° Sur le retranchement en entier de l'amortissement s'élevant à	125,000,000
2° La conversion des rentes 5, 4 1/2, 4 et 3 o/o, qui produirait.	25,000,000
3° Le département de la guerre.	60,000,000
4° Le ministère de la marine..	39,309,608
5° Sur la perception des impôts et l'exploitation des revenus publics.	75,000,000
6° Sur les ministères de l'intérieur et des travaux publics.....	76,000,000
Total égal....	400,309,608

Et en définitive, et comme conclusion, nous demanderions :

1° Que les inscriptions sur les rentes 5, 4 1/2, 4 et 3 o/o, ne fussent échangées contre du 2 1/2 o/o à 55 que lorsqu'elles sortiraient des mains des propriétaires, soit pour cause de vente, soit par suite de décès;

2° Que les nouveaux emprunts se fissent sur du 1 pour o/o à 25, afin de pouvoir créer par la hausse certaine de cet effet, en raison des avantages qu'il présente, des capitaux aussi utiles à l'État qu'aux créanciers, et qui plus est, de pouvoir donner aux débiteurs sur immeubles, d'abord la possibilité de se libérer en raison de la réduction de l'intérêt, et successivement d'arriver à une libération définitive par la suppression des impôts directs qui ne seraient pas nécessaires aux dépenses gouvernementales légalisées, bien qu'ils restent toujours passibles des emprunts, lesquels porteraient sur un capital de 20 *milliards*, si l'on suppose, et nous pourrions dire lorsqu'il y a certitude, que les dépenses légalisées peuvent se réduire à six cents millions, la dette publique au-dessous de deux cents millions, et la matière imposable s'élever à seize cents millions.

BIBLIOTHÈQUE NATIONALE
R.F.
IMPRIMÉS

www.ingramcontent.com/pod-product-compliance
Ingram Content Group UK Ltd.
Pitfield, Milton Keynes, MK11 3LW, UK
UKHW020523230726
13925UKWH00005B/2224